Über den Einfluß von Rechtsansprüchen bei Neurosen

Öffentliche Antrittsrede
gehalten am 13. Februar 1913

von

Otto Naegeli
a. o. Professor der inneren Medizin an der Universität Tübingen.

Leipzig
Verlag von Veit & Comp.
1913

Druck von Metzger & Wittig in Leipzig.

Unsere Zeit gilt als das Zeitalter der Nervosität. Kein Wunder! Denn überall steigern sich die Ansprüche an die Leistungsfähigkeit des einzelnen. Überall zeigen sich größere Schwierigkeiten im Kampfe um die Existenz. Überall sind alle Dinge komplizierter geworden und stellen an die Aufmerksamkeit, Merkfähigkeit und Ausdauer größere Anforderungen. So vermehren sich die Nervenkrankheiten als Zeichen des Versagens gegenüber den hoch gespannten Forderungen der Kultur.

Unsere Zeit gilt aber auch als das Zeitalter der sozialen Fürsorge. Unzählige Vereine suchen dem Bedrohten und Gefährdeten beizuspringen. Denken Sie an die weit ausgedehnte Fürsorge im Kampfe gegen die Tuberkulose mit ihren zahllosen Heilstätten und Fürsorgestellen, um dem Feinde sein Opfer streitig zu machen. Erinnern Sie sich an die Fürsorge für die Säuglinge, der es gelingt, die Kindersterblichkeit in so augenfälliger Weise herabzusetzen. Denken Sie aber vor allem an die zahlreichen staatlichen sozialen Einrichtungen, allen voran die Versicherung gegen Unfall, Krankheit und Invalidität.

Die sozialen Bestrebungen für Gesunderhaltung des Menschen dürften heute aber sehr wohl auch ausgedehnt werden auf den Kampf gegen die funktionellen Nervenleiden, an denen immer weitere Kreise der Bevölkerung erkranken. Der Tod ist nicht immer der Übel größtes. Schlimmer kann es noch sein, wenn eine zu schönen Hoffnungen berechtigende Existenz wegen ungenügender Kraft des Nervensystems versagt. Freilich dehnt sich ja die staatliche Fürsorge gegen Kranksein auch auf die Nervenleidenden aus; leider aber nur mit geringem Erfolg und zuweilen sogar mit ausgesprochenem Mißerfolg, so daß man zu dem an sich paradox erscheinenden Ausspruch genötigt ist:

Es werden gerade durch die staatliche Fürsorge gegen Unfall und Krankheit zahlreiche Leute nervenkrank gemacht, oder es wird die Heilung durch nervöse, mit dem Versichertsein im Zusammenhang stehende Störungen in hohem Grade verhindert und verzögert.

Bei dieser heute zweifellos vorhandenen Sachlage müssen wir von einem antisozialen Einfluß der sozialen Gesetzgebung sprechen, und es ist tief betrübend, wenn wir auch auf diesem Wege noch eine weitere Steigerung der Nervosität unserer Zeit feststellen müssen.

Die Erkenntnis, daß gerade durch die Gesetzgebung selbst schwere Nervenkrankheiten groß gezogen werden, hat sich nicht sehr schnell durchgerungen; lange Jahre wurde der Kausalzusammenhang ganz verkannt. So überaus klar wir auch heute die hier aufgeworfenen Fragen durchschauen, so erschienen sie doch jahrelang mit einem dichten Schleier bedeckt. Jede Erkenntnis bricht sich auch auf medizinischem Boden schwer und langsam durch, und sicherlich aus tiefem Verständnis für die Medizin hat Goethe gerade dem Mephisto die Worte in den Mund gelegt: Der Geist der Medizin ist leicht zu fassen.

Diejenigen Nervenstörungen, welche durch eine zu weitgehende, die Energie lähmende, die Hypochondrie, Ängstlichkeit und Grübelei fördernde Gesetzgebung in erster Linie entstanden sind, nennen wir traumatische Neurosen. Man versteht darunter das Heer der nervösen Störungen, die sich bei Unfallskranken zeitlich an eine Verletzung anschließen. Häufig ist die Körperschädigung dabei eine ganz geringfügige, und es entwickelt sich das Leiden langsam und allmählich auf dem Boden der Angst, der Besorgnis für die Zukunft, des Kampfes um Genugtuung, vor allem aber dominiert das Streben nach ausreichender und möglichst großer Entschädigung.

Ich will Ihnen heute aber nicht allein über traumatische Neurosen sprechen, sondern möchte die aufgeworfenen Fragen, wie schon der Titel sagt, weiter und allgemeiner fassen; denn es zeigt sich immer mehr und immer deutlicher, daß es eines Unfalles, einer Verletzung zum Entstehen ähnlicher und prinzipiell identischer Krankheitsbilder gar nicht bedarf. In erschreckender Häufigkeit zeigen sich die gleichen Klagen über nervöse Erschlaffung und Arbeitsunfähigkeit auch bei Krankheiten, die der nicht Versicherte oder nicht vollständig Versicherte meist spielend überwindet, z. B. in der Schweiz bei Bleivergiftungen, selbst bei den leichtesten Erkrankungen. In die gleiche Kategorie hinein gehört die Erfahrung, daß gegen Krankheit Voll-Versicherte oder gar Überversicherte immer länger und länger in ärztlicher Behandlung bleiben wollen und oft nur mit größtem Widerstreben durch den Arzt endlich zur Wiederaufnahme der Arbeit zu bringen sind; mußte ich es doch selbst erleben, daß ein Versicherter mit einem ganz harmlosen, klinisch kaum nachweisbaren Katarrh erst nach vollen 50 Tagen zum zweitenmal wieder erschienen ist und jetzt die Ausfüllung des Genesungsscheines verlangt hat. Ich habe es auch miterlebt, daß ein Versicherter wegen einer sehr geringfügigen Gürtelrose volle 2 Monate nicht gearbeitet hat, während sein Arzt mit demselben Leiden und starker Störung des Schlafes nicht einen Augenblick an Aussetzen denken konnte.

Ferner hat mir einmal ein Arbeitersekretär, also gewiß eine nicht voreingenommene Instanz, erklärt, daß in der Schreinerei die Zahl der Unfallstage stetig zunehme, obwohl wegen Einführung von Maschinen doch jetzt die gefährliche Arbeit ausgeschaltet wird und die schweren Unfälle abgenommen haben.

Diese Beispiele ließen sich noch außerordentlich vermehren. Es genügt die Feststellung, daß fast in allen Berufsarten die Zahl der wegen Unfall und Krankheit ausgesetzten Tage in stetem Zunehmen begriffen ist und die Auslagen deshalb Jahr für Jahr in die Höhe gehen und wie eine Kurve ohne Ende ansteigen, und das trotz aller Hygiene, trotz aller staatlicher Kontrolle in den Fabriken und Gewerben zum Schutze der Gesundheit. So herrlich weit haben wir es schon gebracht. In einzelnen Betrieben sind die Auslagen im Verlaufe von 20 Jahren aus den genannten Gründen um das $2^{1}/_{2}$-fache angstiegen, wie ich beweisen kann.

Nicht gering ist ferner die Zahl derjenigen, die den Arzt mit dem Wunsche nach Invalidisierung bestürmt. Auch diese Leute werden schließlich nicht selten zu den reinsten Neurasthenikern, so daß ein einziger Begutachter, Bayer, geschrieben hat, er sehe im Jahre über 1000 Invaliditätswunschneurosen.

Für alle diese Zustände gibt aber die eingehende Kenntnis der traumatischen Neurose den besten Einblick zum Verständnis, so daß Sie mir erlauben wollen, zunächst diese Affektion zu besprechen.

Man hat zuerst nach schweren Eisenbahnunglücken die Erfahrung gemacht, daß manche Leute nach solchen Katastrophen in ihrem Nervensystem außerordentlich zerrüttet worden sind. Das erscheint nun nicht gerade sonderbar; denn zu allen Zeiten hat ein großer Schreck, die Durchlebung einer gefährlichen, die Nerven aufs höchste anregenden Situation als eine zweifellose Ursache für die Auslösung schwerer Nervenstörungen gegolten. Daß dabei eine körperliche Verletzung gar nicht notwendig ist, läßt sich durch viele Krankengeschichten belegen, und es ist ja dieses Moment durch unsern schwäbischen Dichter Gustav Schwab in seinem Gedicht „Der Reiter und der Bodensee“ in der Literatur verwertet worden.

Bei allen elementaren Katastrophen, besonders bei den Erdbeben und den Bergwerksunglücken sieht man oft schwere und langdauernde nervöse Leiden. Es sind das aber eigentliche Schreckneurosen, die der großen Mehrzahl der Fälle von traumatischer Neurose nicht gleichgestellt werden können, da bei diesen fast immer der Schreck keine oder doch keine große Rolle spielt, und die Krankheit erst langsam und im Kampfe um Entschädigung und Rente sich entwickelt.

Solche Beispiele können daher niemals als Zeugen für das Vorkommen von traumatischen Neurosen auch bei Nichtversicherten in Anspruch genommen werden, wie das öfters geschehen ist, und es ist mit Sicherheit darauf hinzuweisen, daß vor dem Bestehen der Unfallgesetzgebung eigentliche traumatische Neurosen nicht existiert haben, wie mir zwei so gewichtige Zeugen wie die Chirurgen Kocher und Krönlein persönlich auf das allerbestimmteste versichert haben. Doch werde ich darüber noch eingehender zu reden haben.

Nach den erwähnten Eisenbahnunglücken hat man zuerst außerordentlich schwere nervöse Krankheitsbilder gesehen und dabei anfänglich eigentliche anatomische Hirnveränderungen angenommen. Es hat eines langen und hartnäckig geführten Kampfes bedurft, unzähliger ärztlicher Debatten und wissenschaftlicher Publikationen, bis sich die heute gültige Erkenntnis durchgerungen hat: Es sind die traumatischen Neurosen rein funktionelle Leiden, völlig gleich der Neurasthenie, der Hysterie, der Hypochondrie oder meistens einer Mischung aus all diesen Neurosen. Daß daneben bei schweren Verletzungen auch tatsächlich Hirn- und Rückenmarksläsionen vorkommen, unterliegt selbstverständlich nicht dem geringsten Zweifel; man hat dann aber nicht das Recht im Sinne der heutigen Begriffsfassung von traumatischen Neurosen zu sprechen. Freilich ist es aber sehr häufig, daß auf solche anatomisch begründete, oft sehr leichte Schädigungen sich als das alles beherrschende Gespenst noch die traumatische Neurose daraufsetzt und die früher einmal anatomisch bedingten Beschwerden mit einer unglaublichen Zähigkeit für Jahre, ja selbst Jahrzehnte festhält.

Mit der Erkenntnis, daß die nach Unfällen entstehenden funktionellen Nervenstörungen keine besondere eigene, wie man zuerst geglaubt hat, neue Krankheit darstellen, wurde natürlich auch die

Frage aufgeworfen, ob man denn überhaupt die Krankheit noch als solche und als Besonderheit gelten lassen soll. Die Antwort kann nur bejahend ausfallen, denn jedesmal, wenn es sich um den Kampf um Entschädigung oder Genugtuung handelt, entstehen prinzipiell gleiche Erscheinungen. Aus praktischen Gründen empfiehlt sich daher die Beibehaltung des Namens. Freilich sind nun ja nach der innern Anlage und den äußern Umständen die Krankheitssymptome ungeheuer verschieden. Bald ist ein Heer von Beschwerden vorhanden, bald sind es wenige, aber hartnäckig festgehaltene Klagen. Gestatten Sie mir in aller Kürze das Krankheitsbild zu skizzieren.

Zum vollen Bilde der Krankheit gehören: Gedrückte, apathische, aber reizbare Stimmung. Allgemeine Mattigkeit und Energielosigkeit. Völlige Unlust zur Arbeit, Große Neigung, die geringsten Beschwerden als außerordentlich bedeutend und die Arbeitsfähigkeit völlig verunmöglichend hinzustellen, meist unter einem großen Wortschwall und allen möglichen Klagen über Verkennung des Zustandes durch Ärzte, Behörden und Vorgesetzte. Dazu kommen starke Beeinträchtigungsideen, daß man nirgends auf Gerechtigkeit zählen könne. Steigerung aller Beschwerden bei dem geringsten Arbeitsversuch, bei schlechtem Wetter und bei Erregung. Unruhiger, oft unterbrochener, von schweren Träumen erfüllter Schlaf, der oft fast vollständig fehlt. Heftige Kopfschmerzen, meist ohne genaue Lokalisation, oder dann von der Gegend einer längst geheilten, völlig harmlosen Verletzung ausgehend. Schwindel, Herzklopfen, Bangigkeit, schlechter Appetit, schlechte Verdauung. Zittern der Muskeln und völlige Kraftlosigkeit. Unvermögen längere Zeit etwas zu lesen. Gewichtsabnahme.

Bei der ärztlichen Untersuchung läßt sich vielfach rasche Ermüdung und völlige Energielosigkeit entdecken. Der Kopf ist auf Beklopfen empfindlich. Das Gesichtsfeld wird oft als eingeschränkt angegeben, und zwar von vielen Untersuchern in enormem Grade wie bei Hysterie, obwohl sich die Leute im Raum ganz gut orientieren. Der Puls ist recht oft bedeutend gesteigert und läßt sich durch Erregung noch höher bringen. Die Empfindung der Haut ist nicht selten in einzelnen Gebieten vermindert oder auch gesteigert; oft ist die Störung halbseitig. Die Reflexe sind zumeist erhöht. Es finden sich deutliches Zittern oder Krämpfe in einzelnen Muskeln, Lidflattern usw. — Der Schlaf ist bei der genauen Kontrolle öfters erheblich gestört.

Die Entstehung der Krankheit ist meistens eine allmähliche. Zuerst ist von einer eigentlichen nervösen Zerrüttung nichts zu konstatieren. Selbst schwer Verletzte können anfänglich außerordentlich rasche Fortschritte in der Genesung machen. Dann aber nehmen die Klagen mehr und mehr überhand. Das Wesen des Kranken verändert sich vollständig. Er wird mürrisch, mißtrauisch, er sieht im Arzt seinen Feind, der ihn viel zu früh zur Arbeit schicken will. In der Versicherung sieht er den Kapitalismus, der nur hohe Dividenden herausschlagen will auf Kosten des Versicherten. Zahlreiche Untersuchungen durch verschiedene Ärzte empfindet er als Chikane und nur als Mittel zu dem Zweck, seine Entschädigung oder Rente als möglichst gering ausfallen zu lassen. Dazu kommen ungünstige Einflüsse von andern Leuten, besonders von den eigenen Familienangehörigen: Du wirst doch nicht zu früh an die Arbeit gehen wollen, erinnerst du dich, wie lange der Nachbar wegen einer viel kleineren Sache ausgesetzt hat, wie jener eine viel höhere Entschädigung oder Rente bekommen, als dir angeboten wird. Es kommt dazu, daß auch verschiedene Ärzte oft nicht gleicher Meinung sind. Der eine, ängstliche, äußert von Anfang an schon Befürchtungen, ob eine Heilung möglich sei, der andere ist von vornherein „arbeiterfreundlich" und sofort zu allen Gefälligkeitszeugnissen bereit. Ein dritter hat vielleicht nur eine äußerst kurze Untersuchung vorgenommen, so daß er schon deshalb nicht auf das Zutrauen des Mannes rechnen darf, ein vierter wird als Vertrauensarzt der Versicherung hingestellt, der nur die Interessen der Gesellschaft verfolgen müsse und dafür ja angestellt und bezahlt sei.

Einen wichtigen Grund dieser verschiedenen ärztlichen Ansichten darf ich nicht vergessen, das ist die nicht genügend große Berücksichtigung der Unfallmedizin im ärztlichen Studienplan und die viel zu kleine Zahl von Fällen aus der Unfallmedizin, die vielerorts zur klinischen Vorstellung gebracht werden. Freilich wird das ja in kurzer Zeit, dank der Anerkennung der Bedeutung dieses Faches, sehr wesentlich besser werden.

An der allmählichen Ausbildung einer traumatischen Neurose können auch die Versicherungen manchmal Mitursache werden. Ungeschickte und herzlose Unterbeamte, die freilich durch den großen Betrug auf diesem Gebiete mit der Zeit fast gegen jeden das größte Mißtrauen bekommen haben, begehen oft Fehler. So wird manchmal ohne genügendes Recht die weitere Lohnauszahlung einfach sistiert. Es ist auch wahr, daß sich bei einzelnen Ärzten der Versicherungen mit der Zeit ebenfalls durch die vielen Betrügereien ein zu großes Mißtrauen ausgebildet hat. Ein Grundfehler besteht dabei darin, daß vielfach rein chirurgisch tätige Ärzte sich in innerer Medizin und Neurologie ein Urteil zutrauen, zu dem sie nicht kompetent sind. Im allgemeinen aber muß unbedingt zugestanden werden, daß die großen Versicherungsgesellschaften heute mit Sachkenntnis und Verständnis die aufgeworfenen Fragen behandeln, daß sie sich streng an die Gutachten der ihnen als unparteiisch bekannten Ärzte halten, und auch dann vielfach noch Fünfe gerade sein lassen, und es ist eine unglaubliche Unkenntnis der tatsächlichen Verhältnisse, um nicht mehr zu sagen, wenn in dem Feldzug gegen die Privatversicherungen in der Schweiz ein höchster schweizerischer Beamteter „von der bekannten Prozeßsucht der Versicherungsgesellschaften“ gesprochen hat, während tatsächlich die Zahl der Prozesse eine minimale ist und ca. 2‰ der erledigten Fälle betrifft.

Die Hauptschuld bei der Entstehung der traumatischen Neurose aber, und das muß einmal offen ausgesprochen werden, fällt auf den Unfallpatienten selbst. Ihm gebricht es vielfach am guten

Willen gesund zu werden. Er arbeitet sich zum großen Teil künstlich in die Stimmung hinein und ist leicht bereit, allen unkontrollierbaren Schwätzereien zu glauben, daß man ihn benachteilige. Zum Teil ist er freilich durch vielfach vorhandene psychopathische Anlage disponiert, auch nicht selten durch Alkoholismus und andere soziale Schädigungen vergiftet. Der Unfallpatient wünscht eine hohe Entschädigung, und groß ist vielfach seine Angst, er könnte zu wenig verlangen. Er entwickelt sein querulierendes Wesen, macht vielfach gegen besseres Wissen aus den geringsten Sachen große Angelegenheiten. Die Geldfrage beherrscht, tyrannisiert und demoralisiert ihn. Um ja die Leistungsfähigkeit nicht allzu groß erscheinen zu lassen, ist es ja geradezu pathognomonisch, daß selbst Leute mit herkulischer Körperkraft nicht die geringste Arbeit ausführen wollen und lieber Monat für Monat nichts tun, als daß sie vor Erledigung der Angelegenheit sich die geringste Beschäftigung machen. Nachher ändert das bei Kapitalabfindung freilich dann oft augenblicklich. Nicht die bösen Versicherungsgesellschaften, die schlechten Ärzte, die ungerechten Arbeitgeber machen in der dominierenden Zahl der Fälle den Patienten zum Querulanten und verbissenen Menschen, sondern er trägt ganz allein die Hauptschuld. Ich stimme auf Grund einer sehr großen Beobachtung Schultze völlig zu, daß die Zahl der Schwindler und bewußten Übertreiber sicherlich 50 Prozent aller Fälle ausmacht.

Durch alle diese Faktoren und noch durch viele andere ähnliche, die ich hier nicht sämtlich aufzählen kann, wird der Verunglückte außerordentlich aufgeregt, mißtrauisch und unglücklich, und studiert mehr und mehr seinen Beschwerden nach. Er schätzt ein gelegentlich auftretendes Kopfweh und einen von der Verletzung zurückgebliebenen Schmerz immer höher ein. Durch eine peinliche, ängstliche Selbstbeobachtung wird jede Erscheinung vergrößert und damit verschlimmert, festgehalten und liebevoll großgezogen. Fast immer heißt es selbst nach Monaten und nach geringfügigen Schäden, es gehe schlechter als je und immer schlimmer. Bei den meisten

Fällen aber, bald offen und nackt mit erschrecklicher Deutlichkeit zutage tretend, bald verborgen und schlau verschleiert, gewinnt nur eine Idee noch die Oberhand, wie hoch kann die Entschädigung ausfallen.

Es ist psychologisch ungemein interessant, wie dieser Gesichtspunkt schließlich zum Vorschein kommt. Ich pflegte die Leute zuerst stets längere Zeit im Krankenhaus zu beobachten, vollkommen objektiv alle ihre Klagen zu notieren und zu prüfen, eingehende Untersuchungen zu machen und schließlich nach einer Reihe von Tagen, nachdem ich glaubte das Vertrauen gewonnen zu haben, ganz plötzlich zu fragen: Wieviel Entschädigung wollen Sie eigentlich?

Dabei zeigt sich oft mit einem Schlage, wo des Pudels Kern liegt. Die meisten Versicherten haben keine Ahnung, was sie nach dem Versicherungsgesetz und nach der Einzahlung verlangen können; sie haben ihre Police nie gelesen oder nicht verstanden, wissen nicht, daß z. B. eine bestimmte Summe als Maximum bezeichnet ist. Wiederholt habe ich die Redensart gehört: Ich bin voll und ganz versichert. Wenn der Betreffende dann aber erklären sollte, was diese Phrase bedeute, so wußte er nicht die geringste Angabe zu machen und verlor sich in allgemeinen Redensarten, Schimpfereien und Klagen über Benachteiligung.

Sehr häufig ist auch festzustellen, daß die Leute sich eine ganz bestimmte Summe, z. B. Fr. 3000.— (ich muß ja natürlich Beispiele aus meinem früheren Wirkungskreise anführen), in den Kopf gesetzt haben, und überaus naiv ist dann die Begründung, wenn man die Leute zu einer solchen zwingt. Ich habe gedacht, das wäre ungefähr recht, oder, heißt es, mehr werden „sie" mir ja doch nicht geben wollen. Daß die Summe mit einer bestimmt taxierten Erwerbseinbuße in Übereinstimmung stehen muß, das bedenkt fast keiner. Recht oft habe ich erlebt, daß der Kranke sich zufrieden erklärte, wenn ich halbe Arbeitsfähigkeit für ein Jahr und dann noch $^1/_3$ Erwerbseinbuße für das zweite, folgende Jahr annahm. So viel könne er schon noch verdienen und er glaube selber, in zwei Jahren werde sich dann die Sache verlieren. Kommt es nun aber zur Ausrechnung, wieviel die angenommene Erwerbseinbuße in Geld berechnet ausmacht und als einmalige Kapitalabfindung beträgt, dann sagt der Mann ganz einfach, das ist mir zu wenig, doppelt so viel hätte ich schon haben müssen; so muß ich halt prozessieren.

Kann es einen klareren Beweis geben, daß eben die Höhe der Entschädigung in der weitaus größten Mehrzahl der Fälle die Hauptsache bedeutet, demgegenüber alle Vernunftgründe abprallen. Kann es da noch wundernehmen, wenn bei einer solchen Krankheit jede Behandlung versagt und heute gar nicht mehr probiert wird, daß allein das Geld aber die Heilung schafft.

Vielfach wird die Höhe der verlangten Entschädigung begründet mit dem Hinweis auf andere Kameraden, die viel mehr erhalten hätten und doch längst gesund wären, eine auch recht zweifelhafte Logik, wie denn überhaupt die Beispiele und Vorbilder ähnlicher Verletzungen von einer ganz besonders großen Bedeutung sind. Daß dabei aber ganz andere Versicherungsbedingungen, ganz verschiedenes, für die Kapitalabfindung vor allem in Betracht fallendes Alter vorgelegen haben, das berührt wenig, wie ja gewöhnlich alle diese Beispiele nur sehr oberflächlich und nicht nach der wirklichen Aktenlage bekannt sind.

Einzelne, entschieden gescheitere Leute erklärten, sie müßten eine hohe Summe verlangen, weil ihnen niemand Garantie für völlige Wiederherstellung und Arbeitsfähigkeit und Wiederanstellung geben könne. In solchen Fällen gab ich dem Manne meinen Zeddel-Katalog in die Hand, der über 100 Fälle mit der Verletzung, Begutachtung, Verdienst vor und nach der Abfindung enthielt und ließ selbst ähnlich liegende Verletzungen aussuchen, um dann an Hand der Dauerresultate zu zeigen, daß die Sache gut geworden war, und daß nur der A r z t auf Grund einer größern Erfahrung ein Urteil abgeben, nicht aber der Laie, der bestimmte Erhebungen ja nicht kennen kann.

Hier und da wurde auch besonders darauf verwiesen, daß da oder dort ein Mann lebe, der nie mehr gesund geworden sei. Nicht ein einziges Mal konnte aber dieser große Unbekannte, wie ich ihn in Analogie zu kriminellen Fällen nennen möchte, näher bezeichnet werden, so daß seine Entdeckung trotz meines lebhaftesten Interesses für ihn nie gelang.

Sehr gewöhnlich artete der Abschluß der Entschädigungssumme in einen regelrechten Kuhhandel aus, so daß man von großzügigen Gesichtspunkten nicht im entferntesten mehr reden konnte. Nicht der soziale Gedanke, Entschädigung für Lohnausfall, sondern der antisoziale, ob mit Recht oder mit Unrecht, nur möglichst viel Geld, das war das leitende Prinzip.

Wenn ich von diesen Entschädigungen rede, so darf ich nicht vergessen, daß auch die Taxationen der Ärzte in ganz unglaublicher, unwissenschaftlicher Weise auseinanderzugehen pflegen, 10 Prozent Erwerbseinbuße vorübergehend und 80 Prozent bleibend konnte im gleichen Falle als Annahme vorkommen, so daß man auch daraus wieder auf die Idee kommen mußte, da besteht nicht nur die allergrößte Unsicherheit, sondern man muß sich überhaupt fragen, ob es da noch mit rechten Dingen zugeht.

Als nun gar die Erfahrung gemacht werden konnte, daß einzelne nach hohen Abfindungssummen eine, wie der Terminus technicus lautet, „unverschämt schnelle Heilung“ durchgemacht hatten, und daß es gelang, diese angeblich so schwere Krankheit mit Geld zu heilen, da standen manche Ärzte nicht an, das ganze Gebiet der traumatischen Neurose als einen großen Schwindel zu bezeichnen, eine Krankheit, die man mit Geld heilen könne, sei eben keine Krankheit.

Zu diesem sicherlich nicht ganz unberechtigten Gedanken kamen nun noch weitere Feststellungen hinzu, die wiederum das Nachdenken in hohem Grade herausforderten. Viele, zuerst als besonders wichtige Symptome bezeichnete Erscheinungen, wie die Unempfindlichkeit einzelner Körperteile gegen sensible Reize, dann besonders auch die hochgradige Einengung des Gesichtsfeldes erwiesen sich keineswegs als objektive Zeichen. Ich konnte z. B. bei der spezialistischen Prüfung durch einen tüchtigen, aber besonders energischen Augenarzt unter einer großen Zahl von Fällen nicht ein einziges Mal diese Gesichtsfeldeinschränkung feststellen, auch wenn andere Augenärzte vorher dieselbe gefunden hatten. Es kommt eben alles darauf an, die Leute zum Aufpassen zu bringen und ihre Indolenz und ihren schlechten Willen sich nicht einfach gefallen zu lassen. So gibt es denn heute kaum ein einziges sicher objektives Zeichen einer traumatischen Neurose. Eine gewisse Ausnahme macht vielleicht eine starke Schlafstörung, die durch eine jede Stunde kontrollierende Krankenschwester gefunden werden kann; aber wie viele andere Leute schlafen ebenfalls schlecht und sind doch vollkommen leistungsfähig. Ferner kann die dauernde starke Pulsbeschleunigung zweifellos nicht simuliert oder aggraviert werden, aber bei leicht erregbaren Leuten findet man oft aus der geringfügigsten Ursache sehr hohe Werte, und eine wirkliche Arbeitsunfähigkeit besteht deshalb doch nicht. Vor allem ist dann die Feststellung wichtig, daß hohe Pulszahlen nicht nur vom Arzt, sondern auch von der täglich mehrfach untersuchenden Krankenschwester notiert sind, wobei die durch die ärztliche Untersuchung bedingte Erregung wegfällt.

Sie sehen, wie viele Schwierigkeiten zu überwinden sind und begreifen, daß ich hier nur einzelnes skizzenhaft angeben kann.

Nun kann man aber freilich sagen, daß die Hauptsymptome der Krankheit zweifellos nicht im neurologischen Befund, sondern im psychischen Zustand liegen, und darum haben wir direkt objektive Zeichen auch kaum zu erwarten. Das ist vollkommen richtig und ich vertrete stets den Satz, daß man bei einem guten Gutachten über traumatische Neurose einen längeren Befund über den psychischen Zustand als über neurologische Verhältnisse treffen soll, so wenig ich es annehme, daß man mir die Diagnose Nervosität durch Reflexsteigerung beweisen will.

Wenn man jetzt diesen Hauptpunkt, das psychische Benehmen der Patienten in erster Linie ins Auge faßt, so läßt sich nun freilich bei den Kranken nachweisen, daß hier doch oft schwerere Veränderungen vorliegen und damit also doch von der Krankheit etwas Sicheres und Positives bestehen bleibt, freilich etwas, das nicht so handgreiflich darzuliegen braucht, und das geschickt herausgefunden und begründet zu werden verlangt.

Daß nun aber eine große Dosis Übertreibung, und zwar nicht allein unbewußter, mitspielt, darüber kann keine Frage mehr bestehen in allen jenen Fällen, in denen das Verlangen nach hoher Entschädigung die Dominante geworden ist.

Über die Zahl der Simulanten, die sich in diesem Gebiet einschleichen, können wir niemals eine sichere Grundlage haben. Ich habe diese Leute selbstverständlich bei meiner Besprechung bisher völlig ausgeschaltet; denn das sind eben keine traumatischen Neurosen. Unter denjenigen Fällen, die mir selbst als traumatische Neurosen zur Oberbegutachtung zugekommen sind, betrug die Zahl der reinen oder fast reinen Simulanten 10 Prozent. Es muß aber betont werden, daß der sichere wissenschaftliche Nachweis einer vollen Simulation außerordentlich schwer ist und geringe wirkliche Störungen doch neben einer gehörigen Dosis Simulation bestehen können. Meines Erachtens verdienen aber dann bei sicherem Nachweis einer offenkundigen Simulation solche Leute mit geringen Beschwerden keinerlei Schonung mehr. Es läßt sich ja natürlich nicht beweisen, daß z. B. kein Kopfweh bestehe. Aber wäre es nicht lächerlich, wenn man trotz dieser Möglichkeit einen Mann nicht als glatten Simulanten erklärt, der dem Begutachter stetigen Schwindel und Kopfweh vorgibt, dabei aber kurz nach der längern Krankenhausuntersuchung und Beobachtung mit seinem Schwindel eine der schwierigsten Bergbesteigungen mit stundenlangen Kletterpartien durchgeführt hat? Ein solcher Schwindel ist eben Schwindel, wie das Gutachten mit Recht gelautet hat. Oder nehmen Sie einen andern Fall. Ein Zimmermann ist von einem sehr kompetenten

Begutachter als schwer dauernd arbeitsunfähig erklärt worden wegen einer Reihe nervöser Beschwerden. Trotz der Angabe völliger Arbeitsunfähigkeit hat der Mann sich während den verschiedenen Begutachtungen in seinem Keller eine Werkstätte eingerichtet, da er das völlige Nichtstun eben doch nicht vertragen konnte und auf der von ihm zur gleichen Zeit gepflegten Jagd, natürlich ohne Patent, offenbar auch nicht die zusprechende Beschäftigung gefunden hatte. Zu notieren wäre in diesem Falle nur noch, daß zur gleichen Zeit auch die Frau in traumatischer Neurose „gemacht" hat. Der hoffnungsvolle, 16jährige Sprößling des Ehepaares hat damals wegen einer winzigen Verletzung am kleinen Finger der linken Hand 6 Wochen ausgesetzt. Das alles ist leider erst bei meinen Untersuchungen über die Dauerresultate der traumatischen Neurosen ans Tageslicht gekommen.

An dieser Stelle muß ferner gesagt werden, daß, wie schon betont wurde, unter den Leuten mit ausgesprochener traumatischer Neurose vielfach Degenerierte, Psychopathen und Alkoholiker sich befinden, natürlich auch sonst mit schweren Nervenleiden erblich Belastete, und daß daher auch bei zweifellosem Betrug in der Beurteilung doch eine große Vorsicht walten muß.

Zu den Kardinalpunkten der Begutachtung gehört nach meiner Ansicht eine Orientierung über die Zuverlässigkeit der Leute. Manche suchen bei jeder Untersuchungsmethode den Arzt zu täuschen oder ihm wenigstens ungenaue und unklare Angaben zu machen, müssen energisch aufgefordert werden, richtige Angaben zu machen und verraten dadurch schon, daß sie unehrenhafte Motive haben. Aus diesem Grunde empfiehlt es sich Gesichtsfeldmessungen, Leseproben, Untersuchungen auf das Gehör, Dynamometerprüfungen, Untersuchungen auf die Kraft verschiedener Muskeln gegenüber Widerstand, ferner Sensibilitätsprüfungen vorzunehmen. Bei all diesen Untersuchungen prüfe ich nicht auf Hörschärfe, Visus, Gesichtsfeld, Muskelkraft, Empfindungsvermögen, sondern in allererster Linie auf die Glaubwürdigkeit des Individuums.

Sie haben nun vielleicht einen gewissen Einblick bekommen, wie verschieden die Auffassung der Ärzte über die traumatischen Neurosen gewesen ist, wie schwankend ferner alle Befunde ausfallen können, wie schwierig die Deutung sich gestalten kann; wenn Sie ferner gehört haben, wie fundamental verschieden die Begutachtung in der Höhe der Erwerbseinbuße bei gleichen Fällen ausfallen kann, daß der eine geringe vorübergehende und der andere enorm hochgradige bleibende Erwerbsunfähigkeit annimmt, daß dazu noch sehr häufig Aggravation und vielfach auch Simulation kommt, so mögen Sie ermessen, welche Unsicherheit auf diesem Gebiet bisher geherrscht hat und zum Teil auch heute noch herrscht.

Ich habe mir daher vor einigen Jahren gesagt, über die Schwere und Bedeutung und auch über das Wesen dieser Leiden kann erst dann Klarheit kommen, wenn einmal von einer großen Zahl von kompetenten Begutachtern beurteilter Fälle nach völliger Erledigung aller Rechtsansprüche und Kapitalabfindung auch der weitere Verlauf und das Dauerresultat untersucht wird. Dann müßte es sich zeigen, sind wirklich, wie es immer noch fast in allen Lehrbüchern steht, ausgesprochene Fälle von traumatischen Neurosen unheilbar und verfallen chronischem Siechtum. Solche Untersuchungen könnten aber nur da gemacht werden, wo durch die einmalige Kapitalabfindung, wie in der Schweiz und einigen nordischen Staaten, jedes weitere Recht auf Entschädigung verschwindet. In einem Lande, das mit Rente entschädigt, wirken die ungünstigen Faktoren durch die vielen Untersuchungen, die Streitigkeiten mit den Versicherungsorganen, vor allem aber der Wunsch, die Rente nicht mehr zu verlieren, ewig weiter.

Bei der Untersuchung mußte vor allem eine klare Fragestellung ein entscheidendes Ergebnis geben, nämlich die Untersuchung auf die spätern Lohnverhältnisse. Das ist in sozialer Hinsicht der springende Punkt, und die Begutachtung verlangt ja auch vom Arzte eine Schätzung der Einbuße „in erwerblicher Beziehung“. Eine Fortdauer von allerlei Beschwerden an sich allein, also die Frage nach völliger Gesundheit, hätte unter keinen Umständen ein so unangreifbares, unzweifelhaftes Resultat gegeben, weil ja eine richtige Einschätzung der Beschwerden mit so vielen Schwierigkeiten verbunden ist. Ich habe zwar auch diese Frage nach dem Gesundsein stets genau geprüft, dabei aber öfters konstatiert, daß auch jetzt die Leute noch aggravierten und simulierten und vollkommen unwahre Angaben über Aussetzen der Arbeit wegen Beschwerden machten, die an Hand der Lohnlisten widerlegt werden konnten, so daß zweifellos lediglich bei der Untersuchung auf gesundheitliche Verhältnisse allein ein getrübtes und nicht so sicheres Resultat entstanden wäre.

Bei der Prüfung des späteren Verdienstes aber an Hand genau kontrollierbarer Angaben ließ das Ergebnis über die Erwerbsfähigkeit nicht den geringsten Zweifel übrig. Von den 138 Leuten war kein einziger nach 1 bis 2 Jahren nach Kapitalabfindung wegen der Neurose im Erwerb geschädigt. Bei 20 war zwar eine Erwerbsverminderung vorhanden, jedoch nicht wegen der Neurose sondern wegen schwerer organischer Störungen, meistens Schädelbruch und schwere Hirnerschütterung. Zwei Patienten hatten ein Jahr nach der Begutachtung noch nicht eine gleich gut bezahlte Stelle gefunden, die große Mehrzahl hatte aber rasch den gleichen Lohn wie früher oder recht häufig sogar mehr verdient als der eintretenden Lohnsteigerung entsprochen hätte. Über 20 Leute hatten nach der Kapitalabfindung überhaupt keinen Tag ausgesetzt und ihren frühern Lohn fortlaufend bezogen.

Auch spätere Untersuchungen, die ich noch oft vorgenommen habe, sind alle im gleichen Sinne ausgefallen. Ich habe die Armenbehörden großer Städte gefragt, ob sie Unterstützungsbedürftige wegen ungeheilter traumatischer Neurose haben. Die Frage wurde bejahend beantwortet. Bei Studium der übermittelten Akten ergab sich aber rasch, daß die Leute stets während der Führung ihres Prozesses Geld von der Armenbehörde erhalten hatten, niemals aber später wegen bleibender Erwerbsunfähigkeit. Trotz wiederholter öffentlicher Aufforderungen in ärztlichen Gesellschaften und in Publikationen habe ich bis zur Stunde noch niemals einen Fall auftreiben können, bei dem wegen einer Neurose allein dauernde Erwerbseinbuße bestanden hätte.

Damit ist nun freilich die Sachlage außerordentlich geklärt. Es ist erwiesen, daß die traumatische Neurose keine ungünstige, sondern direkt eine sehr gute Prognose hat im Gegensatz zu den überaus pessimistischen Äußerungen der Literatur. Zu hüten hat man sich hauptsächlich vor der Verkennung gleichzeitig bestehender anatomischer Veränderungen, wie bei Schädelbasisbrüchen. Jetzt endlich können auch die Taxationen, für die früher wegen der Unkenntnis über das wirkliche Schicksal dieser Leute jede wissenschaftliche Basis gefehlt, mit ganz anderer Genauigkeit vorgenommen werden. Von bleibender Erwerbsschädigung kann nie mehr gesprochen werden, nur noch von vorübergehender für 1—2—3 Jahre.

Das alles gilt freilich nur für die Fälle mit Kapitalabfindung und definitiver Erledigung. Aber da ist es überall dasselbe. Auch in Dänemark sind 93 Prozent Heilung von Wimmer und in Schweden rasch 90 Prozent Heilung von Bihlström nachgewiesen worden. Wichtig wäre freilich für diese nordischen Feststellungen die Kenntnis des späteren Lohnes, auf den es zur Hauptsache ankommt.

In den Ländern mit Rentenabfindung kommen zwar Heilungen auch vor, das gewöhnliche ist immerhin, daß viele Jahre lang Rente bezahlt wird und ein sehr wesentlicher Prozentsatz der früheren Patienten bezieht ihre Rente so lange sie leben. So hat speziell Schaller in einer Arbeit aus der Tübinger psychiatrischen Klinik von 43 Neurosen später nur 4 Heilungen konstatiert. Dabei gestaltet sich dieses Leiden zu einem steten, anhaltenden Kampf um die Rente und deren Höhe, die möglichst ungeschmälert bleiben sollte. Wie viel Haß und Wut gegen den Staat und seine Organe, gegen die Ärzte und die Krankenhäuser sich da ansammelt, das brauche ich nicht zu sagen. Bedenken Sie ferner, welche Belastung für die Krankenhäuser diese ewigen Begutachtungen bedeuten, wieviel Zeit sie dem Unfallsarzte wegnehmen und dazu für eine äußerst undankbare und unangenehme Arbeit! Bedenken Sie, was alle diese Leute für einen Einfluß auf ihre Umgebung ausüben!

Wenn in Deutschland jetzt über 900000 Rentengenössige allein aus der Kranken- und Unfallversicherung vorhanden sind, so ist das zweifellos eine sehr große Gefahr und es sind für charakterschwache und ängstliche, aber auch für geldgierige und ethisch defekte Leute das lauter Infektionsherde.

Noch viel schlimmer aber wird die Sache dadurch, daß nun recht viele dieser Leute tatsächlich unter dem demoralisierenden System der Rentenzahlung dauernd krank bleiben. Ich sah unlängst einen solchen Fall. Nach einem Fall vom Wagen vor 18 Jahren bekam die Frau schwere nervöse Zustände, die bei ihr auch heute noch andauern, wie die Rente. Sie gibt jetzt noch an, sie habe das Gefühl als ob ein Sprung im Kopf wäre der ganzen Länge des Schädels nach, und über dem Wirbel habe sie das Gefühl, als ob dort ein großer Eiterherd sich befinde. Wie soll man überhaupt, möchte ich Sie fragen, ein solches Gefühl sich vorstellen können! Daß das alles durch ewige Grübelei fixierte Ideen sind, das ist ja klar. Auch heute ist die Kranke noch völlig apathisch und nicht zum geringsten Gebrauch ihrer an sich sehr kräftigen Muskulatur zu bringen.

Denken Sie sich aber meine Überraschung! Bei Einsicht der Akten ergab sich, daß eine Schädelverletzung nie bestanden hatte und der Unfall so unbedeutend gewesen war, daß der Arzt erst am 3. Tage gerufen worden ist.

Das sind, verehrte Anwesende, alles Kunstgebilde, Artefakte, und leider müssen wir sagen, Artefakte der Gesetzgebung! Kein einziger dieser Fälle, wie sie in Deutschland häufig vorkommen, ist in den Staaten mit Kapitalabfindung bei Neurosen zu entdecken.

Wie früher in den Irrenanstalten durch völlige Isolierung und durch Fesselung an Ketten schauderhafte Formen von Geistesstörungen vorgekommen sind, die wir heute in dieser Form gar nicht mehr kennen und die also reine Artefakte dargestellt haben, so werden heute durch die Fesseln einer unpsychologischen Gesetzgebung, durch die Rentenabfindung, bejammernswerte Zustände als Artefakte nach traumatischen Neurosen künstlich geschaffen.

Es ist hohe Zeit, daß auf dem Boden unserer heutigen Erkenntnis alles sich vereinigt, um dergleichen antisozialen Zuständen ein Ende zu machen!

Vor kurzer Zeit sind nun allerdings von Schultze und Stursberg zuverlässige Untersuchungen durchgeführt worden mit dem Ergebnis, daß die Zahl der Unfallneurosen auf die ganze Zahl der Unfälle berechnet, recht gering ist, etwa 1,3‰, und da nach Schultze die meisten der Unfallneurotiker ihre Rente etwa 10 Jahre lang erhalten, so kam man für Deutschland auf die Zahl von 8700, so daß wegen einer relativ so geringen Zahl eine Änderung der Gesetzgebung nicht notwendig erscheine.

Ich bin freilich in dieser Hinsicht durchaus anderer Meinung. Eine Unmenge von Störungen, die durchaus den traumatischen Neurosen zugerechnet werden müssen, versteckt sich eben unter einer ganz anderen Flagge. Unzählige werden als Affektionen mit organischen Störungen nach Rippenbrüchen, Knochenbrüchen, Schädelverletzungen rentengenössig, während die Untersuchung ergibt, daß alle Beschwerden funktionell nervös sind, oder wenigstens, daß die Neurose Rentenhysterie alles andere längst überwuchert hat und allein noch die dauernde Störung bedingt.

Es ist ein unverzeihlicher Fehler gegenüber den tagtäglichen Erfahrungen der Psychologie, wenn den Leuten das Kranksein zu sehr erleichtert wird. Das zeigt uns z. B. die Überversicherung. Wäre ich nicht ein dummer Kerl, so äußerte sich einmal ein von mir zu Begutachtender zur Krankenschwester, wenn ich jetzt schon an die Arbeit gehen wollte, während ich doch im Unfall mehr verdiene als sonst?

Immer mehr und mehr werden die staatlichen Fürsorgevorrichtungen zu einer Erwerbsquelle degradiert! Ich war einst auf einem Tramwagen, der plötzlich in Gefahr stand mit einem andern zusammenzuprallen. Ein blutjunger Bursche sprach zu seinem Nachbar: wie schade! Hätte es etwas gegeben, so hätte ich 6 Wochen Unfall machen können. Also so lange muß die Sache von vornherein gehen!

Ein anderer zu Begutachtender stellte sich zuerst als völlig verwirrt und blöde. Im Krankenhaus konnte er seine Rolle nicht auf die Dauer fortsetzen; denn er war geistig schwach beanlagt. Bald unterhielt er sich ungezwungen mit seiner Umgebung, gab seine Rolle auf und fing an fröhlich mitzulachen, mitzusingen und mitzuspielen. Endlich sagte er der Krankenschwester, mir fehlt eigentlich gar nichts. Aber ich habe jetzt einen Unfall gehabt und da lachen mich die andern aus, ich sei so dumm und könne nicht einmal etwas daraus machen! In der Begutachtung mußte ich allerdings diese Ansicht durchaus bestätigen.

Mehr und mehr werden alle Begriffe durch eine übertriebene, unselige Gesetzgebung verkehrt. Als gutes Zeugnis wird jetzt ohne alle Scheu dasjenige bezeichnet, das den Mann möglichst schwer krank und erwerbsunfähig bezeichnet. Ein bleibender Nachteil muß unbedingt herauskommen, so lautete einmal die Ansicht eines zu Begutachtenden und unter bleibendem Nachteil wird mehr und mehr nur noch eine Geldsumme verstanden und gar nicht einmal mehr an eine wirkliche Erwerbseinbuße gedacht.

Ein schlagendes Beispiel, wohin man mit Vollversicherung kommt, zeigt die Bleivergiftung, die in der Schweiz als gewerbliche Krankheit dem Unfall gleichgesetzt ist. Jahr für Jahr hatten wir in Zürich mehr als 100 Bleikranke, die oft kaum mehr zur Wiederaufnahme der Arbeit zu bringen waren, auch wenn ihre Krankheit zuweilen kaum zu beweisen war, und dabei wurde im benachbarten Luzern unter gleichen Verhältnissen kein einziger Fall registriert, wie meine Nachforschungen ergeben hatten. Diese Bleikrankheit nahm lawinenartig zu gegen die Zeit der Arbeitslosigkeit im Winter. Ich will durchaus nicht sagen, daß da reine Simulation vorhanden war, ganz im Gegenteil. Fast immer war etwas Wahres vorhanden, aber die Fälle erschienen meist so leicht, daß sie unter andern Umständen, das heißt ohne Versicherung in 2—3 Wochen allerspätestens geheilt gewesen wären. Untersuchungen auf dem Lande über die Dauer schwerer Bleikolikfälle und bei Meistern ergaben sogar noch viel niedrigere Zeitdauer. Auch diese versicherten Bleikranken wurden mehr und mehr nervös und boten, wie ich das eingehend geschildert habe, vollkommen das gleiche Bild wie die Fälle von traumatischer Neurose in bezug auf ihre Psyche und ihr querulierendes Wesen, aber auch in bezug auf ihre neurologischen Symptome, Gesichtsfeldeinschränkung, Unempfindlichkeit usw.

Auch die Ansprüche dieser Leute stiegen ins Ungemessene, haben doch einzelne gesagt, daß sie im kalten Winter nur an der Riviera Heilung finden könnten und einer wollte allen Ernstes gar nach Corfu ziehen, selbstverständlich auf Kosten der Versicherung, mit der Begründung, bei reichen Herren würde der Arzt das auch so verordnen.

Und hier in Deutschland, wo die Versicherung nicht den vollen Lohn ausrichtet, da sind derartige Erlebnisse bei Malern völlig unbekannt. Mithin liegen auch hier wieder Artefakte einer antisozial gewordenen Gesetzgebung vor.

Ganz ähnliche Zustände, prinzipiell völlig gleichartig und auch in den Symptomen absolut gleich, zeigen sich auch unter vielen andern Umständen. Mitunter ist nicht allein die Geldeinnahme der treibende Faktor, oft und besonders bei den besser Situierten ist das Streben, einem verhaßten Nachbar oder Gegner eine empfindliche Strafe beibringen zu können, die Hauptsache. Es wäre daher irrig, allein von Begehrungsneurosen als treibendes Moment zu sprechen. In einer Reihe von Fällen ist es das Streben nach Genugtuung und nach Bestrafung des Täters, besonders nach Körperverletzungen im Streite, oder auch beim Kampf mit den angeblich schikanierenden Versicherungen!

Ich habe Ihnen ein betrübendes Bild über gewisse Resultate der bestgemeinten sozialen Einrichtung geben müssen. Vieles wäre zum Lachen, wenn es nicht so traurig wäre. Es leiden unter dergleichen Zuständen nicht nur der Staat und die Behörden, gegen die sich eine Fülle von Haß ansammelt, sondern in gleicher Weise der ärztliche Stand, dessen Ansehen vielfach schwer erschüttert wird. Es leiden aber vor allem die Versicherten selbst, namentlich insofern, als ihnen die Kraft zum Gesundwerden geraubt und dafür die Gelegenheit zu schwerer nervöser Entartung geboten wird. Auch die Begriffe von Recht und Wahrheit können vielfach ganz bedenklich ins Schwanken kommen, wenn die Verführung so nahe liegt. Warum sollte ich nicht Geld nehmen, so denkt gar mancher, wenn es so leicht, gleichsam am Wege zu holen ist? Dabei möchte ich nochmals betonen, daß, wie kaum in einem andern Gebiete, Wahrheit und Dichtung sich hier verschmelzen, so daß mancher Unfallpatient schließlich selbst nicht mehr weiß, was tatsächlich vorliegt, so sehr halten ihn Suggestion und Vorstellungen aller Art gefangen.

Aber hohe Zeit ist es, daß gründliche Änderung vorgenommen wird. Denn dergleichen Zustände sind ein Krebsübel an der Kraft des Volkes. Statt alle Faktoren zum Gesundwerden und zur Arbeit und zur Kraft anzuspornen, führen sie zu Wehleidigkeit, Erschlaffung, zu nervöser Degeneration, zur Unwahrheit und zum Betrug und damit zur moralischen Minderwertigkeit.

Vielerlei Vorschläge sind schon zur Besserung gemacht worden. Solange man aber über das Endschicksal dieser Erkrankten nicht unterrichtet war, konnte allen Vorschlägen nicht die nötige Sicherheit innewohnen. Heute ist diese Sicherheit gewonnen. So gut wie niemals bleibt eine dauernde oder 2—3 Jahre übersteigende Erwerbseinbuße nach Zuständen, die den traumatischen Neurosen entsprechen bei Kapitalabfindung. Sollte selbst einmal der eine oder andere bei dieser Basis einer künftigen Beurteilung nicht vollständig auf seine Rechnung kommen, so bleibt dies sozial gleichgültig. Die soziale Gesetzgebung kann nur das allgemeine Wohl und die großen Gesichtspunkte im Auge behalten und kann nicht jeden einzelnen und jeden seltenen Spezialfall berücksichtigen. In der Tat müßten sonst viele Entschädigungen nach körperlichen Verletzungen viel höher ausfallen und könnte es sich nicht, wie in vielen Staaten, um Begrenzung der Entschädigungspflicht durch ein bestimmtes Maximum handeln.

Hüten wir uns also vor **der** Humanität, die vielleicht wegen eines kleinen Unrechtes gegenüber Vereinzelten zu einer schweren Schädigung der Gesamtheit führt.

Meine auf Grund einer großen und vielseitigen Erfahrung vertretenen Leitsätze sind die folgenden:

Es darf unter keinen Umständen volle Versicherung gestattet werden. 80 Prozent ist das Höchste, was für Verheiratete gelten soll, für Ledige könnte man noch niedriger gehen. Kein Wunder, wenn in Frankreich, das nur 50 Prozent in Krankheitsfällen auszahlt, von einer auch nur annähernd so langen Heilungsdauer der Bleikranken keine Rede ist, ohne daß deshalb den Leuten Unrecht getan wird.

Ferner soll nicht nur bei den eigentlichen traumatischen Neurosen, sondern bei allen Erkrankungen, bei denen die Gefahr der Verschlimmerung oder die Verhinderung der Heilung wegen psychogener nervöser Momente auf der Basis der Kranken- und Unfallversicherung zu befürchten steht, einmalige Abfindung stattfinden unter der Annahme einer vorübergehenden, 2 bis 3 Jahre nicht übersteigenden, teilweisen Erwerbseinbuße. In solchen Fällen sollte eine möglichst rasche, definitive Begutachtung von kompetenter Seite stattfinden.

Ich muß Sie endlich noch auf einen weitern Gesichtspunkt, der volle Berechtigung verdient, aufmerksam machen. Wer zahlt diese Summen, die völlig nutzlos, ja zum Schaden der Allgemeinheit, ausgeworfen werden? Es sind die Arbeiter zum großen Teil selbst, so daß einfach die Mitarbeiter geschädigt und zu höhern Beiträgen an die Versicherung gezwungen werden. Zum andern Teil werden die Meister und die Industrie über alle Gebühr belastet. Damit verteuern sich die Produktionskosten und es kommt die Zeit, in der die Konkurrenzfähigkeit gegenüber dem Ausland zweifellos sinken muß. In letzter Instanz ist es immer wieder das Volk selbst, das den Schaden hat.

Diesen Schaden zu verhüten und trotzdem die guten Seiten der ja unbestreitbar durchaus notwendigen Versicherungen zu behalten, das ist die Aufgabe einer wahrhaft sozialen Gesetzgebung auf dem Gebiete der Kranken- und Unfall- und Invaliden-Versicherung, befreit von dem Fluch der antisozial wirkenden, die nationale Kraft schädigenden Form, wie sie leider heute noch besteht.

Metzger & Wittig, Leipzig.

www.ingramcontent.com/pod-product-compliance
Lightning Source LLC
LaVergne TN
LVHW091734021026
849161LV00003BB/613